PLAN D'ÉTUDES

ET

PROGRAMMES D'ENSEIGNEMENT

DES ÉCOLES NORMALES PRIMAIRES.

PARIS.
IMPRIMERIE ET LIBRAIRIE CLASSIQUES
DE JULES DELALAIN
IMPRIMEUR DE L'UNIVERSITÉ
RUE DES ÉCOLES, VIS-A-VIS DE LA SORBONNE.

PLAN D'ÉTUDES

ET

PROGRAMMES D'ENSEIGNEMENT

DES ÉCOLES NORMALES PRIMAIRES.

PARIS.
IMPRIMERIE ET LIBRAIRIE CLASSIQUES
DE JULES DELALAIN
IMPRIMEUR DE L'UNIVERSITÉ
RUE DES ÉCOLES, VIS-A-VIS DE LA SORBONNE.

ENSEIGNEMENT

DES

ÉCOLES NORMALES PRIMAIRES.

Décret relatif au régime des écoles normales primaires. (24 mars 1851.)

Le président de la république,
Sur le rapport du ministre de l'instruction publique et des cultes ;
Vu l'article 35 de la loi du 15 mars 1850 ;
Le conseil supérieur de l'instruction publique entendu,
Décrète :

TITRE PREMIER.

Des objets de l'enseignement dans les écoles normales primaires.

Art. 1er. L'enseignement dans les écoles normales primaires comprend :
L'instruction morale et religieuse,
La lecture,
L'écriture,
Les éléments de la langue française,
Le calcul et le système légal des poids et mesures,
Le chant religieux.
Il peut comprendre en outre :
L'arithmétique appliquée aux opérations pratiques,
Les éléments d'histoire et de géographie,
Des notions des sciences physiques et d'histoire naturelle, applicables aux usages de la vie,
Des instructions élémentaires sur l'agriculture, l'industrie et l'hygiène,
L'arpentage, le nivellement et le dessin linéaire,
La gymnastique.

Art. 2. La durée du cours d'études est de trois ans.

Art. 3. A la fin de la seconde année, le conseil académique désigne, sur le rapport de la commission de surveillance, les élèves qui pourront recevoir tout ou partie de l'enseignement des matières indiquées aux paragraphes 9, 10, 11, 12 et 13 de l'article 1er du présent règlement.

Art. 4. Les élèves-maîtres seront exercés à la pratique des méthodes d'enseignement dans les écoles primaires qui seraient annexées aux écoles normales.

L'instituteur qui dirige l'école annexe est considéré comme maître adjoint, et nommé conformément aux dispositions de l'article 9 ci-après.

Art. 5. Chaque année, le conseil académique désigne les livres qui seront mis à la disposition des élèves. Ces livres seront exclusivement choisis parmi ceux dont l'introduction aura été autorisée conformément à l'article 5 de la loi du 15 mars 1850.

TITRE II.

De la direction et de la surveillance.

CHAPITRE PREMIER. — *De la direction.*

Art. 6. Le directeur de l'école est nommé par le ministre de l'instruction publique, après avis du conseil académique.

Art. 7. Le directeur est chargé de la principale partie de l'enseignement.

Art. 8. Le directeur est secondé, pour l'enseignement et la surveillance, par des maîtres adjoints, nommés par le ministre sur la proposition du recteur de l'académie.

Ces maîtres résident dans l'établissement; ils sont au nombre de deux au plus, non compris l'aumônier.

Il ne pourra être attaché de maître externe aux écoles normales que pour le chant. Ce maître est proposé par le directeur et agréé par le recteur.

Art. 9. L'instruction religieuse est donnée aux élèves-maîtres, suivant la religion qu'ils professent, par les ministres des différents cultes reconnus par l'État.

Chapitre II. — *De la commission de surveillance et de ses attributions.*

Art. 10. La surveillance de l'école normale est confiée à une commission de cinq membres, nommés pour trois ans par le recteur, sur la proposition du conseil académique.

Le président de la commission est nommé par le recteur.

Le directeur assiste aux délibérations de la commission avec voix délibérative, hors les cas où elle a à statuer sur des questions qui intéressent sa gestion.

Art. 11. La commission de surveillance est chargée :

1° De préparer la liste des candidats à l'école normale, dont elle aura constaté, dans les formes indiquées ci-après, l'aptitude intellectuelle et morale ;

2° De rédiger le règlement particulier de l'école : ce règlement devra être approuvé par le recteur en conseil académique ;

3° De désigner, à la fin de la première année, ceux des élèves qui seront admis aux cours de deuxième année, et, à la fin de la seconde année, ceux qui pourront passer en troisième année.

Dans le cas de maladie prolongée ou d'absence légitime, la commission peut autoriser un élève à redoubler le cours de première ou de deuxième année ;

4° De dresser, chaque année, le budget et d'examiner les comptes qui lui sont présentés par la direction de l'école, et de consigner ses observations dans un rapport spécial.

Art. 12. Il est tenu dans chaque école par le directeur, assisté des maîtres adjoints, un registre sur lequel sont consignées les notes trimestrielles sur la conduite et le travail des élèves-maîtres. A la fin du cours d'études, il est fait pour chaque élève un résumé de ces notes dans l'ordre suivant :

1° Devoirs religieux ;
2° Conduite ;
3° Caractère ;
4° Aptitude ;
5° Progrès.

Ces résumés sont mis à la disposition des conseils académiques pour leur servir à dresser la liste d'admissibilité prescrite par l'article 31 de la loi du 15 mars 1850.

Art. 13. Les membres de la commission font, au moins une fois tous les trois mois, la visite de l'école; ils prennent connaissance des registres sur lesquels doivent être consignées, par le directeur, les notes relatives à la conduite, au caractère et au travail de chaque élève.

Ils examinent les classes et interrogent les élèves.

Art. 14. Tous les ans, au mois de juillet, la commission de surveillance adresse au recteur de l'académie, sur l'état et le personnel de l'école, un rapport qui sera transmis au ministre.

Elle reçoit du directeur, à la même époque, un rapport sur tout ce qui concerne les élèves et la discipline. Elle transmet ce rapport, avec ses observations, au préfet, qui le place sous les yeux du conseil général, et au recteur, qui en envoie au ministre une expédition accompagnée de ses observations.

TITRE III.

De l'admission des élèves-maîtres.

Art. 15. Chaque année, le ministre détermine, sur l'avis du conseil académique, le nombre des élèves-maîtres qui peuvent être admis à l'école normale, soit à leurs frais, soit aux frais du département et des communes, soit aux frais de l'État.

Art. 16. Les inscriptions des candidats auront lieu du 1er au 15 janvier : un registre est ouvert à cet effet au secrétariat de l'académie. Aucune inscription ne sera reçue que le candidat n'ait déposé les pièces suivantes :

1° Son acte de naissance, constatant que, au 1er septembre de l'année pendant laquelle il se présente, il aura 18 ans accomplis au moins et 22 ans au plus;

2° Un certificat de médecin constatant qu'il a été vacciné ou qu'il a eu la petite vérole, et qu'il n'est atteint d'aucune infirmité ou d'aucun vice de constitution qui le rende impropre à l'enseignement;

3° L'engagement légalisé de servir pendant dix ans au moins dans l'instruction primaire publique;

S'il est mineur, le candidat produira en outre une déclaration, aussi légalisée, de son père ou de son tuteur, l'autorisant à contracter cet engagement;

4° Une note, signée de lui, indiquant le lieu ou les lieux qu'il a habités depuis l'âge de quinze ans;

5° Des certificats de moralité délivrés, tant par les chefs des écoles auxquelles il aura appartenu, soit comme élève, soit comme sous-maître, que par chacune des autorités locales préposées à la surveillance et à la direction morale de l'enseignement, conformément à l'article 44 de la loi du 15 mars 1850.

Art. 17. Une enquête est faite par les soins du recteur et des inspecteurs de l'instruction primaire sur la conduite et les antécédents des candidats.

Au vu des pièces exigées et d'après les résultats de l'enquête, la commission de surveillance dresse, du 1er au 15 août, la liste mentionnée en l'article 12.

Sur la production de cette liste et des pièces qui l'accompagnent, ainsi que des demandes présentées par les candidats, le recteur, en conseil académique, prononce, s'il y a lieu, l'admissibilité des candidats à l'école normale.

Art. 18. Les bourses ou portions de bourses entretenues, soit par l'État, soit par les départements, sont accordées par le recteur en conseil académique.

Les boursiers qui n'obtiennent que des portions de bourses s'engagent à payer la portion qui reste à leur charge. Les boursiers départementaux prennent en outre l'engagement de servir pendant dix ans dans le département qui paye leur pension.

Ils peuvent être affranchis en tout ou en partie de ces engagements par une dispense du recteur, sur l'avis conforme du conseil académique.

Les engagements dont il vient d'être question seront légalisés, et, s'il y a lieu, autorisés comme il est dit au 5e paragraphe de l'article 16 du présent règlement.

Art. 19. Les boursiers qui, par leur fait, sortiraient de l'école avant la fin du cours, ou qui refuseraient d'accomplir leur engagement décennal, seront tenus de restituer à l'État ou au département le prix de la pension dont ils auront joui.

Toutefois, ils pourront être dispensés de cette obligation par le ministre, sur l'avis du conseil académique.

Le montant des restitutions fera retour au fonds sur lequel les bourses étaient payées.

La dispense du service militaire cesse à dater du jour où l'engagement a été rompu.

TITRE IV.

Du régime intérieur.

Art. 20. Les journées commencent et finissent par une prière commune.

La prière du matin et du soir est suivie d'une lecture de piété.

Les jours de dimanche et de fêtes légalement reconnues, les élèves sont conduits aux offices publics par le directeur, assisté des maîtres adjoints.

Art. 21. Les vacances durent quinze jours au plus.

Tout congé, toute sortie particulière, hors le cas d'une circonstance exceptionnelle dont le directeur est juge, est formellement interdit pendant la durée du cours d'études.

Les élèves seront toujours conduits en promenade par le directeur ou les maîtres adjoints.

Art. 22. Chaque année, lorsque les besoins du service le permettent, le recteur peut accorder aux directeur et maîtres adjoints internes un congé dont la durée ne peut excéder un mois; ces congés ne pourront être accordés à plusieurs maîtres à la fois.

Art. 23. Les élèves-maîtres sont chargés du service de propreté dans l'intérieur de l'école.

TITRE V.

De la discipline.

Art. 24. Les punitions qui peuvent être infligées aux élèves, suivant la gravité des fautes, sont :

La retenue,

La réprimande,

L'exclusion.

Le directeur prononce la retenue.

La réprimande est prononcée, suivant les cas, par le directeur, la commission de surveillance ou le recteur.

L'exclusion est prononcée par le recteur, sur l'avis du directeur, la commission de surveillance entendue.

En cas de faute grave, le directeur peut prononcer l'exclusion provisoire.

Lorsque l'exclusion est prononcée, le ministre en est immédiatement informé.

Art. 25. Tout élève qui, à la fin de l'année, n'est pas jugé en état de passer au cours supérieur, cesse de faire partie de l'école.

Fait au palais de l'Élysée, le 24 mars 1851.

LOUIS-NAPOLÉON BONAPARTE.

Le ministre de l'instruction publique et des cultes,

CH. GIRAUD.

Arrêté prescrivant les programmes d'enseignement des écoles normales primaires. (31 juillet 1851.)

Le ministre au département de l'instruction publique et des cultes ;

Vu les articles 5 et 35 de la loi du 15 mars 1850 ;

Vu le décret du 24 mars 1851 ;

Le conseil supérieur de l'instruction publique entendu,

Arrête :

Art. 1er. Les programmes d'enseignement pour les écoles normales primaires sont adoptés ainsi qu'il suit :

I. Lecture.

La lecture comprendra trois sortes d'exercices : la lecture simple, la lecture accentuée et la lecture raisonnée.

Lecture simple.

Cet exercice a pour but principal l'épellation et la prononciation. Il sera fait un fréquent usage de l'épellation de mémoire, nécessaire pour bien apprendre l'orthographe. On s'attachera à faire acquérir aux élèves une prononciation facile et pure. En exposant sommairement les divers procédés ou méthodes de lecture, on en signalera les avantages et les inconvénients.

Lecture accentuée.

On s'appliquera dans cet exercice, comme dans le précédent, à corriger l'accent du pays ; on accoutumera les élèves à se pénétrer de ce qu'ils lisent, à distinguer les parties et les membres de phrases, à marquer les repos et à rendre, par les diverses inflexions de la parole, les idées et les sentiments que l'auteur a voulu exprimer, mais en se gardant tout à la fois de la monotonie et de la déclamation, et en conservant toujours un ton simple et naturel.

Lecture raisonnée.

Quand un morceau aura été lu, les élèves en rendront compte, tantôt de vive voix, tantôt par écrit.

On consacrera aux exercices de lecture six leçons d'une heure par semaine, pendant les deux premières années, et deux leçons pendant la troisième.

On se servira exclusivement pour les exercices des ouvrages suivants :

1° Fables de Fénelon ;
2° Choix de fables de La Fontaine ;
3° Mœurs des Israélites et des Chrétiens, de Fleury ;
4° Doctrine chrétienne, histoire de la religion et histoire de l'Église, de Lhomond ;
5° Première partie du Discours sur l'histoire universelle de Bossuet ;
6° Recueil de morceaux choisis dans les bons auteurs ;
7° Manuscrits autographiés, dûment autorisés.

Pour les lectures du latin, on emploiera le Psautier, le Diurnal et autres livres approuvés par l'autorité religieuse.

Les lectures de piété prescrites par l'article 20 du décret du 24 mars 1851 se feront dans les livres indiqués par l'aumônier et approuvés par l'autorité religieuse compétente.

II. Récitation.

Des morceaux choisis dans les ouvrages adoptés pour le cours de lecture seront appris par cœur.

Trois leçons d'une heure chacune seront consacrées toutes les semaines, pendant les trois années, à la récitation de ces morceaux.

On tiendra à ce qu'ils soient parfaitement sus et récités, sans hésitation, et d'un ton simple et naturel.

III. Écriture.

L'écriture comprendra les cinq genres d'écriture, qu'on est convenu d'appeler gothique, bâtarde, ronde, coulée et cursive.

L'écriture devra toujours être nette et facile à lire.

L'écriture cursive, étant d'un usage plus général, sera plus particulièrement cultivée.

Les modèles d'écriture contiendront des maximes religieuses et morales, des traits remarquables de l'histoire de France, ou des notions scientifiques utiles aux instituteurs et aux élèves.

On exercera les élèves à dresser des états pareils à ceux qui sont en usage dans les mairies et dans les écoles, des mémoires, des factures, etc.

Les élèves donneront tous leurs soins aussi bien à l'écriture de leurs compositions et de leurs rédactions qu'à celles des pages qu'ils auront à faire dans la leçon spéciale d'écriture.

Il y aura par semaine cinq leçons d'écriture, dans chacune des deux premières années, et deux dans la troisième.

On se servira pour ces leçons des cours et modèles de Verdet, de Taupier et de Taiclet.

IV. Langue française.

On prendra pour base de l'enseignement de la langue française la grammaire de Lhomond.

Cet enseignement sera simple, beaucoup plus pratique que théorique, et consistera plus en exercices et en exemples qu'en règles et en préceptes. On évitera avec soin toutes les discussions qui auraient trait à la métaphysique du langage ou qui ne rouleraient que sur des subtilités grammaticales.

Pendant la première année, les exercices se composeront d'analyses grammaticales, et principalement de dictées d'orthographe. Ces dictées auront pour objet des récits historiques, des morceaux renfermant des notions utiles ou présentant un caractère moral et religieux.

Il y aura, en général, une dictée chaque jour : elle sera corrigée tantôt par le maître, tantôt par les élèves, sous la direction et le contrôle du maître. Après la correction, les dictées seront transcrites sur un cahier spécial; on emploiera à cette transcription une partie du temps destiné aux leçons d'écriture.

L'analyse se fera presque toujours de vive voix, avec simplicité et brièveté, et d'après la nomenclature de Lhomond.

Dans les deux dernières années, les élèves feront des extraits et des résumés écrits de ce qu'ils auront lu; on les exercera de temps en temps à la composition sur les sujets les plus simples et les plus usuels.

Les cours de lecture et de langue française devront être faits par le directeur de l'école.

V. Calcul. Système légal des poids et mesures. Arithmétique appliquée aux opérations pratiques.

Le cours de calcul sera élémentaire et pratique. On n'y donnera que les explications théoriques indispensables, et on ne les fera porter que sur des questions d'une application usuelle.

On s'appliquera particulièrement à bien faire connaître le système décimal, et à familiariser les élèves avec l'usage des nouveaux poids et des nouvelles mesures.

On verra, dans la première année, la numération, les opérations fondamentales de l'arithmétique et le système légal des poids et mesures.

Dans la seconde année, on enseignera les fractions, les règles de trois, les règles d'intérêts, d'escompte, de partage proportionnel et d'alliage.

Dans la troisième année, on appliquera aux opérations pratiques les connaissances acquises dans les deux années précédentes.

L'enseignement du calcul et de l'arithmétique se donnera d'après l'arithmétique de Bezout, dernière édition.

On y consacrera six heures par semaine, dans chacune des trois années.

VI. Éléments de géographie.

Le cours de géographie aura lieu une fois par semaine pendant la troisième année.

Cinq leçons auront pour objet les notions préliminaires ; six, la géographie générale de l'Europe ; cinq, la géographie des autres parties du monde, et vingt-quatre, la géographie de la France. Six, au moins, de ces dernières traiteront du département auquel appartient l'école ; elles indiqueront les principaux événements historiques dont il a été le théâtre, les hommes célèbres qu'il a vus naître et qui ont bien mérité du pays par leurs services, leurs talents et leurs vertus ; elles feront connaître les productions, l'industrie, les arrondissements, les cantons, les villes, les localités remarquables, les monuments, les curiosités naturelles du département.

VII. Éléments d'histoire.

L'histoire ancienne sera constamment rapprochée des faits contemporains de l'histoire sainte [1].

Première partie. — Six leçons.

Création du monde. — Déluge universel. — Dispersion des hommes. — Abraham. — Joseph.

Fondation des plus anciennes villes et des premiers empires.

Moïse. — Josué. — Gouvernement des juges. — Établissement de la royauté chez les Hébreux. — Saül. — David.

Guerre de Troie.

Salomon. — Schisme des tribus. — Achab. — Athalie. — Fin du royaume d'Israël.

[1]. L'histoire du peuple juif ne peut avoir ici qu'une part restreinte. C'est dans l'enseignement religieux que cette histoire fondamentale des autres histoires, aussi bien que de la religion, trouvera une place proportionnée à son importance.

Sparte et Athènes. — Fondation de Rome. — Chute de l'empire d'Assyrie.

Captivité de Babylone.

Fin du royaume de Judée.

Cyrus. — Établissement de la république à Rome.

Retour des Juifs à Jérusalem. — Rivalité de Sparte et d'Athènes. — Établissement du consulat, de la dictature et du tribunat à Rome.

Guerres médiques.

Guerres et conquêtes d'Alexandre. — Siége de Rome par les Gaulois.

Première et deuxième guerres puniques.

Histoire des Macchabées.

La Macédoine et la Grèce réduites en provinces romaines.

Troisième guerre punique. — Destruction de Carthage.

Guerre de Jugurtha. — Marius et Sylla.

La Judée, la Syrie et l'Égypte réduites en provinces romaines.

Pompée et César. — Antoine et Octave. — Gouvernement d'Auguste.

Deuxième partie. — Quatre leçons.

Naissance de Jésus-Christ. — Prédication de l'Évangile. — Révoltes des Juifs. — Destruction de Jérusalem.

Faits principaux de l'histoire de l'empire romain pendant les deux premiers siècles.

Persécution de l'Église pendant les trois premiers siècles. — Ses progrès.

Faits principaux de l'empire romain, pendant les 3e, 4e et 5e siècles. — Constantin. — Successeurs de Constantin. — Théodose le Grand. — Invasion des barbares. — Chute de l'empire d'Occident.

Troisième partie. — *Histoire de France.*

Première race. — Deux leçons.

Établissement de la monarchie des Francs. — Clovis. — Successeurs de Clovis. — Maires du palais. — Décadence et chute des Mérovingiens.

Deuxième race. — Trois leçons.

Avénement des Carlovingiens. — Pepin le Bref. — Charlemagne. Ses guerres et ses conquêtes. — Charlemagne législateur et protecteur des lettres.
Louis le Débonnaire et ses fils. — Bataille de Fontenay. — Traité de Verdun. — Invasion des Normands.
Établissement du régime féodal. — Chute des Carlovingiens.

Troisième race. — Cinq leçons.

Avénement de la troisième race.
Hugues Capet et ses successeurs. — Première croisade.
Philippe Auguste et saint Louis.
Successeurs de saint Louis.

Branche des Valois. — Huit leçons.

Philippe de Valois. — Guerre de Flandre. — Commencement de la guerre de Cent ans. — Bataille de Crécy. — Le roi Jean. — Bataille de Poitiers. — La Jacquerie. — Traité de Brétigny.
Charles V. — Ravages des grandes compagnies. — Guerre en Espagne. — Duguesclin. — Défaite des Anglais. — Administration de Charles V.
Charles VI. — Rivalité des ducs d'Orléans et de Bourgogne. — Bataille d'Azincourt. — Meurtre du duc de Bourgogne.
Charles VII. — Jeanne d'Arc. — Expulsion des Anglais. — Fin de la guerre de Cent ans.
Louis XI. — Progrès du pouvoir royal. — Charles le Téméraire. — Fin du duché de Bourgogne.
Charles VIII. — États généraux. — Réunion de la Bretagne. — Guerre d'Italie.
Louis XII. — Guerre d'Italie. — François Ier. — Bataille de Marignan. — Bataille de Pavie. — Traité de Madrid.
La réforme. — La renaissance des lettres et des arts.
Henri II. — Traité du Câteau-Cambrésis. — François II. — Conjuration d'Amboise.
Charles IX. — Guerres de religion.
Henri III. — États de Blois. — Fin de la branche des Valois.

Branche des Bourbons. — Neuf leçons.

Avénement des Bourbons.

Henri IV. — Bataille d'Arques et d'Ivry. — Siége de Paris. — Abjuration de Henri IV. — Édit de Nantes. — Sully. — Assassinat de Henri IV.

Louis XIII. — Régence de Marie de Médicis. — Richelieu. — Guerre de Trente ans.

Avénement de Louis XIV. — Régence d'Anne d'Autriche. — Mazarin.

Batailles de Rocroy et de Fribourg. — Traité de Westphalie. — La Fronde. — Traité des Pyrénées. — Louis XIV gouverne lui-même, 1661. — Colbert. — Conquête de la Flandre. — Traité d'Aix-la-Chapelle. — Conquête de la Hollande. — Conquête de la Franche-Comté. — Traité de Nimègue. — Révocation de l'édit de Nantes. — Ligue d'Augsbourg — Traité de Riswick. — Revers de Louis XIV. — Bataille de Denain. — Traité d'Utrecht. — Mort de Louis XIV.

État des lettres et des arts pendant le siècle de Louis XIV.

Louis XV. — Régence du duc d'Orléans. — Système de Law. — Ministère du cardinal Fleury. — Guerre de la succession d'Autriche. — Bataille de Fontenoy. — Traité d'Aix-la-Chapelle. — Guerre de Sept ans. — Traité de Paris. — Conquête de la Corse. — Mort de Louis XV.

Avénement de Louis XVI. — Réformes de Louis XVI. — Turgot. — Malesherbes. — Premier ministère de Necker. — Guerre d'Amérique. — Convocation des notables. — Convocation des états généraux.

Révolution. — République. — Empire. — Quatre leçons.
Première période.

États généraux. — Assemblée constituante. — Prise de la Bastille. — Journées des 5 et 6 octobre. — Fuite et arrestation de Louis XVI. — Assemblée législative. — Insurrections des 20 juin et 10 août. — Massacres de septembre. — Guerre contre la Prusse et l'Autriche. — Combat de Valmy. — Convention nationale. — Établissement de la république. — Bataille de Jemmapes. — Procès et mort de Louis XVI. — Première coalition de l'Europe contre la France. — Guerre de la Vendée. — Comité de salut public. — La Terreur. — 9 thermidor.

Deuxième période.

Conquête de la Belgique et de la Hollande. — Paix avec la Prusse et l'Espagne. — Journée du 13 vendémiaire. — Fin de la Convention. — Directoire. — Premières campagnes de Bonaparte en Italie. — Montenotte. — Millesimo. — Lodi. — Castiglione. — Arcole. — Campagnes de Moreau, de Jourdan et de Hoche en Allemagne. — Traité de Campo-Formio.

Expédition d'Égypte. — Deuxième coalition. — L'Italie reconquise par les alliés. — Victoire de Masséna à Zurich. — Retour de Bonaparte en France. — 18 brumaire. — Bonaparte premier consul. — Nouvelle campagne d'Italie. — Marengo. — Campagne de Moreau en Allemagne. — Hohenlinden. — Traité de Lunéville. — Paix d'Amiens. — Concordat. — Légion d'honneur. — Code civil. — Consulat à vie.

Troisième période.

Napoléon empereur. — Guerre contre l'Autriche et la Russie. — Ulm. — Austerlitz. — Confédération du Rhin. — Guerre contre la Prusse et la Russie. — Iéna. — Eylau. — Friedland. — Traité de Tilsitt. — Système continental. — Guerre d'Espagne. — Guerre d'Autriche. — Eckmühl. — Wagram. — Divorce et deuxième mariage de Napoléon. — Étendue de l'empire en 1810.

Quatrième période.

Guerre de Russie. — Smolensk. — La Moskowa. — Retraite. — Campagne d'Allemagne. — Lutzen. — Bautzen. — Leipsick. — Levée en masse de l'Europe. — Campagne de France. — Abdication de l'empereur. — La France presque entièrement ramenée à ses anciennes limites.

VIII. Notions de physique, de chimie et d'histoire naturelle, applicables aux usages de la vie.

Première partie.

1° *Notions préliminaires.*

1re leçon. — Qu'entend-on par corps simples et par corps composés? — Donner une idée de la force qui unit leurs parties constituantes. — Exposer les bases de la nomenclature chimique.

2° *Air atmosphérique.*

2ᵉ leçon. — Composition de l'air. — Principales propriétés de l'oxygène et de l'azote dont il est presque uniquement formé. — Sa décomposition et sa recomposition.

3ᵉ leçon. — Action de l'oxygène et de l'air sur les corps combustibles, en particulier sur l'hydrogène, le charbon, le phosphore, le soufre et les principaux métaux. — Formation de la rouille dont se couvre le fer, à l'aide de l'humidité. — Moyen de la prévenir. — Danger que présentent les vases en cuivre, zinc et plomb. — Vert-de-gris. — Causes de sa production. — Étamage. — Son utilité. — Faire voir que l'or et l'argent doivent en partie leur prix à ce qu'ils ne s'oxydent pas.

4ᵉ leçon. — Combustion. — Moyens propres à la favoriser. — Construction des cheminées, des fours. — Quantité de chaleur que donnent les cheminées et les poêles.

5ᵉ leçon. — Action de l'air sur le sang. — Principaux phénomènes de la respiration, de la circulation. — Démontrer que l'air est le seul gaz respirable ; qu'il agit par l'oxygène qu'il contient, et que tous les autres gaz sont méphitiques ou délétères. — Chaleur animale.

3° *Hydrogène. — Eau. — Ammoniaque.*

6ᵉ leçon. — Gaz hydrogène. — Sa combinaison avec l'oxygène, d'où résulte l'eau. — Des diverses qualités d'eaux. — Eaux potables. — Moyens de reconnaître les meilleures eaux potables. — Eaux impropres à la cuisson des légumes. — Eaux impropres au savonnage. — Procédés pour rendre les eaux calcaires propres au savonnage.

7ᵉ leçon. — Citernes. — Leur construction. — Irrigations. — Puits artésiens. — Terrains où ils se trouvent. — Eaux minérales. — Combinaison de l'hydrogène avec l'azote, d'où résulte l'ammoniaque. — Son emploi pour prévenir les effets de la piqûre des abeilles, des vipères et de l'empansement des animaux.

4° *Charbon. — Hydrogène. — Carbone. — Acide carbonique.*

8ᵉ leçon. — Charbon. — Son emploi pour désinfecter les viandes qui commencent à se putréfier. — Filtres à charbon pour purifier les eaux. — Emploi du charbon pour décolorer le vinaigre et les sirops. — Emploi du charbon pour faire un bon sirop avec le miel.

9ᵉ leçon. — Hydrogène carboné. — Eclairage. — Avantage des lampes d'Argand. — Moyen d'augmenter l'éclat de la flamme. — Présence de l'hydrogène carboné dans les mines de houille et les dangers qu'il occasionne. — Lampe de sûreté des mineurs.

10ᵉ leçon. — Acide carbonique. — Son action sur l'économie animale. — Dangers que présentent certaines grottes, les chambres qui contiennent des fruits ou des fleurs, les cuves où se produit le vin. — Présence de l'acide carbonique dans certains puits. — Moyens de purifier les lieux qui renferment de l'acide carbonique. — De l'asphyxie par la combustion du charbon ou par l'acide carbonique. — Moyens de la prévenir. — Secours à donner aux asphyxiés.

5° *Soufre.* — *Acide sulfureux.* — *Hydrogène sulfuré.*

11ᵉ leçon. — Dangers que présentent les allumettes chimiques. — Acide sulfureux ; son emploi pour blanchir la soie. — Hydrogène sulfuré ; son action sur l'économie animale. — Emploi du chlore contre les asphyxies qui proviennent de l'hydrogène sulfuré.

6° *Chlore.*

12ᵉ leçon. — Chlore. — Purification de l'air par le chlore et destruction des miasmes qu'il pourrait contenir. — Emploi du chlore pour enlever l'encre sur le papier et les matières colorantes, végétales et animales. — Blanchiment des toiles à la rosée et sur le pré. — Procédé plus expéditif par le chlore.

7° *Chaux.* — *Mortier.* — *Plâtre.*

13ᵉ leçon. — Pierres à chaux. — Chaux grasse. — Chaux hydraulique. — Fabrication de la chaux. — Pourquoi la chaux se délite à l'air, et doit être conservée en vases clos. — Pourquoi elle donne aux cendres, dont on se sert pour faire la lessive, la propriété d'altérer le linge. — Emploi de la chaux dans les constructions. — Mortier ordinaire. — Mortier hydraulique. — Ciment romain.

14ᵉ leçon. — Plâtre. — Son emploi dans les constructions. — Son emploi dans l'agriculture. — Fabrication du plâtre.

8° *Des substances organiques.*

15ᵉ leçon. — Des divers sucres. — Fabrication du sucre d'amidon. — Fermentation alcoolique. — Manière de faire le vin. — Procédé pour échauffer convenablement le moût et augmenter la vinosité.

16ᵉ leçon. — Moyen de rendre le vin mousseux. — Collage des vins. — Maladies des vins. — Moyens de les guérir. — Dangers que présentent les boissons alcooliques prises avec excès. — Transformation du vin en vinaigre.

17ᵉ leçon. — Des diverses qualités de farines. — Fécule de pommes de terre. — Fabrication du pain.

18ᵉ leçon. — Des savons. — Fabrication des savons et en particulier des savons résineux. — Gélatine. — Moyen d'extraire la gélatine des os. — Pourquoi le bouillon de viande est meilleur et plus nutritif que les autres bouillons.

19ᵉ leçon. — Putréfaction des substances végétales. — Terreaux. — Lignites. — Tourbes. — Houilles. — Anthracite.

20ᵉ leçon. — Putréfaction des substances animales. — Feux follets. — Conservation des substances alimentaires. — Emploi du chlorure de chaux dans l'exhumation des cadavres.

21ᵉ leçon. — Nitrification des terres. — Influence des matières animales et des cendres sur la nitrification. — Moyen de se mettre à l'abri de l'humidité des murs.

Deuxième Partie.

1° *De l'air.*

1ʳᵉ leçon. — Pesanteur de l'air et pression qu'il exerce sur les corps dans tous les sens. — Ascension des liquides dans les tubes lorsqu'on aspire l'air de ces tubes. — Suspension de l'eau dans les éprouvettes renversées sur l'eau. — Construction et usage du baromètre.

2ᵉ leçon. — Pompe foulante. — Pompe aspirante et foulante. — Pompe à incendie. — Machine pneumatique. — Diverses expériences faites avec cette machine. — Machines soufflantes. — Trompe. — Ventilateur à force centrifuge. — Siphon.

2° *Des liquides.*

3ᵉ leçon. — Pression des liquides pesant sur le fond des vases, sur les parois latérales et de bas en haut. — Rupture d'un tonneau par la pression d'un filet d'eau. — Principe de la presse hydraulique. — Tourniquet hydraulique.

4e leçon. — Principe d'Archimède. — Equilibre des corps flottants. — Densité des corps. — Usages divers des tables de densité. — Causes de l'élévation des aérostats et des vapeurs.

3° *De la chaleur.*

5e leçon. — Dilatation et contraction des corps par les variations de température. — Applications diverses de cette propriété. — Tirage des cheminées. — Leur construction. — Construction et usage du thermomètre.

6e leçon. — Passage des corps par les trois états. — Expansion de l'eau lorsqu'elle gèle. — Pierres gélives. — Effets de la gelée sur les arbres. — Elasticité des vapeurs. — Froid produit par l'évaporation. — Applications diverses.

7e leçon. — Des divers degrés de l'humidité de l'air. — Brouillard. — Pluie. — Neige. — Verglas. — Serein.

8e leçon. — Pouvoir émissif, absorbant, réflecteur et conducteur des corps par la chaleur. — Usage des fourrures, des couleurs dans les vêtements, des doubles fenêtres. — Vases propres à conserver les liqueurs chaudes. — Procédé pour hâter la fusion de la neige. — Rosée. — Givre. — Lune rousse. — Procédé pour éviter, dans certaines circonstances, les effets du rayonnement nocturne.

4° *Du magnétisme.*

9e leçon. — Principales propriétés des aimants. — De la boussole et de ses usages.

5° *De l'électricité.*

10e leçon. — Principales propriétés des corps électrisés. — Du choc en retour. — De la bouteille de Leyde et des batteries électriques.

11e leçon. — De l'électricité atmosphérique. — De la foudre. — Du pouvoir des pointes. — Paratonnerres. — Dangers présentés par les arbres pendant les temps orageux. — Télégraphie.

12e leçon. — Notions sur la réflexion de la lumière. — Miroirs. — Notions sur la réfraction.

IX. Notions d'agriculture.

De la culture en général.

Terres franches. — Terres fortes. — Terres légères. — Terres calcaires. — Amendements. — Engrais.

Principales productions végétales du département où est située l'école normale. — Principales cultures. — Leur rendement.

Prairies artificielles. — Fourrage. — Irrigation.

Nature des assolements. — Suppression des jachères; ses avantages.

Animaux domestiques. — Soins qu'ils exigent. — Services qu'ils rendent. — Mauvais traitements dont ils sont l'objet.

Principaux instruments aratoires. — Leur emploi. — Leur utilité.

Voirie. — Avantages des voies de communication.

De l'horticulture.

Défonçage, labour, binage.

Semis et repiquage. — Semis sur ados et sur couches.

Arrosage, sarclage.

Usage des brise-vents, des paillassons, des châssis et des cloches.

Destruction des animaux nuisibles.

Récolte. — Conservation des grains.

Culture et principales espèces potagères. — Plantes médicinales. — Fleurs.

Notions sur la plantation, la culture, la greffe et la taille des arbres fruitiers. — Conservation des fruits.

X. Arpentage et nivellement.

Mesure des distances jalonnées. — Chaînes, jalons, mire.

Usage de l'équerre d'arpenteur.

Mesure des surfaces horizontales dont la forme est celle d'un triangle, d'un trapèze, d'un polygone quelconque.

Cas où le terrain est terminé par un contour irrégulier.

Cas où l'intérieur est inaccessible.

Lever des plans : 1° à la chaîne et à l'équerre; 2° à la chaîne et à la planchette; 3° à la chaîne et au graphomètre. — Usage de la boussole pour relever les détails.

Mesure de la base productive, dans les pays de montagnes.

Notions sur le nivellement.

XI. Dessin linéaire.

2ᵉ année. — *Dessin des figures planes.*

Chaque dessin devra être exécuté deux fois : la première à vue; la seconde avec la règle, le tire-ligne, l'équerre et le compas.

Lignes droites dans diverses positions. — Perpendiculaires. — Parallèles. — Division des droites en parties égales. — Moulures droites, encadrements, fenêtres et portes guillochées.

Triangles, trapèzes, parallélogrammes, polygones.

Cercles. — Raccordement des droites et des cercles. — Moulures qui s'y rapportent. — Raccordement des cercles entre eux. — Moulures qui s'y rapportent. — Anse de panier. — Cercle du jardinier. — Volute.

Division de la circonférence en parties égales. — Polygones réguliers. — Parquets. — Rosaces les plus simples. — Motifs simples de grilles et balustrades.

Construction des échelles. — Réduction des figures à une échelle donnée.

3ᵉ année. — *Dessin en relief.*

Notions sur la représentation des corps, en plan, coupe et élévation.

Solides géométriques. — Prismes, pyramides, cylindres, cônes, sphère.

Meubles, ustensiles divers, instruments aratoires, machines les plus simples usitées dans la localité.

Notions élémentaires de la perspective.

Art. 2. Les élèves seront exercés à l'école annexe dans les deux dernières années du cours. Il leur sera fréquemment demandé compte de la manière dont ils y auront appliqué les méthodes d'enseignement, dirigé les divers exercices scolaires et fait observer la discipline.

Tous les mois, le maître de l'école annexe remettra au directeur de l'école normale un rapport sur chacun des élèves qui lui auront été envoyés. Ce rapport fera connaître comment l'élève a compris et rempli sa tâche, quel est son degré d'aptitude et ce qui peut encore lui manquer pour bien diriger une école.

Art. 3. Est arrêté ainsi qu'il suit le tableau des exercices dans les écoles normales primaires :

Lever à cinq heures du matin, coucher à neuf heures du soir, — prière, lecture de piété, soins de propreté, récréations, — travaux corporels, six heures par jour environ.

LEÇONS PAR SEMAINE.					
Ire ANNÉE.	NOMBRE DES LEÇONS.	IIe ANNÉE.	NOMBRE DES LEÇONS.	IIIe ANNÉE.	NOMBRE DES LEÇONS.
Instruction religieuse et histoire sainte...	3	Instruction religieuse et histoire sainte...	3	Instruction religieuse et histoire sainte...	3
Lecture.....	6	Lecture.....	6	Lecture.....	2
Récitation....	3	Récitation....	3	Récitation....	3
Écriture.....	5	Écriture.....	5	Écriture.....	2
Langue française	9	Langue française	9	Langue française	3
Calcul et système légal des poids et mesures...	6	Calcul, système légal des poids et mesures et dessin linéaire.	6	Calcul appliqué aux opérations pratiques....	6
Chants religieux	3	Chants religieux	3	Éléments d'histoire.......	1
		Exercices à l'école annexe..	»	Éléments de géographie.....	1
				Notions de sciences physiques et d'histoire naturelle applicables aux usages de la vie. — Agriculture, Horticulture.......	3
				Arpentage, nivellement, dessin linéaire...	5
				Chant......	3
				Exercices à l'école annexe..	»
	35		35		32

Fait à Paris, le 31 juillet 1851.

DE CROUSEILHES.

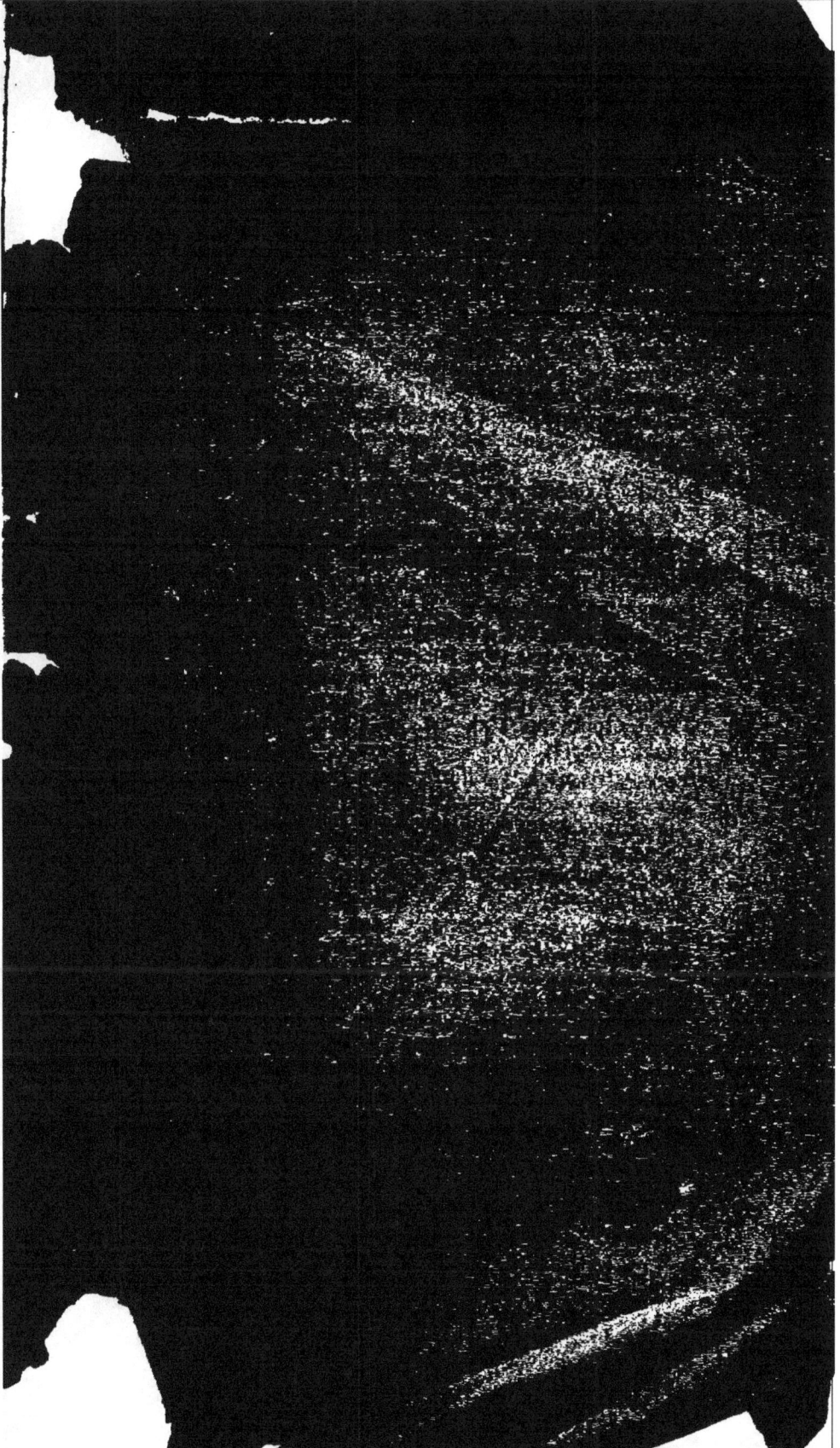

www.ingramcontent.com/pod-product-compliance
Lightning Source LLC
Chambersburg PA
CBHW060635050426
42451CB00012B/2596